STATUTS

ET

ORDONNANCES

DES MAITRES

Selliers, Lormiers, Carrossiers, de la Ville, Fauxbourgs & Banlieue de Paris.

Imprimés en l'année 1770.

A PARIS,

Chez VENTE, Libraire des Menus-Plaisirs du Roi & des Spectacles de Sa Majesté, au bas de la Montagne Ste. Genevieve proche les Carmes.

M. DCC. LXX.

EXTRAIT

Des Regiſtres du Conſeil d'Etat.

Sur la Requéte préſentée au Roi en ſon Conſeil, par les Bacheliers & Maîtres Selliers-Lormiers de la Ville, Fauxbourgs & banlieue de Paris, contenant qu'ils ont l'avantage de rendre leurs ſervices à Sa Majeſté, aux Princes & Seigneurs de ſa Cour & ſuite, & aux perſonnes de qualité de ſon Royaume, & que leur Métier eſt un des plus néceſſaires, & auquel les Maîtres & Jurés doivent le plus s'appliquer à faire la viſite des Carroſſes, Chaiſes roulantes, & autres ouvrages qui se font par les Maîtres dudit Métier, pour éviter aux inconvéniens qui pourroient arriver par les défauts, & mal-façons qui se pourroient trouver dans lesdits ouvrages: mais d'autant que leurs Statuts & Reglemens n'ont point été renouvellés depuis l'an 1577. & que les choses ont tellement changées depuis ledit tems, que non-seulement les termes énoncés dans leursdits Statuts, ne sont la plûpart plus usités ni connus, mais encore les ouvrages tous différens; ensorte qu'il est presqu'impossible ausdits Jurés dudit Métier, faisant leurs Visites, de convaincre de malfaçon les Maîtres qui pourroient avoir faits lesdits ouvrages les plus défectueux; c'est pourquoi pour éviter aux abus qui pourroient se commettre, en la fabrique desdits ouvrages, & empê-

cher les entreprifes que quelques
Maîtres d'autres Métiers qui ont
quelque rapport à celui des Supplians, pourroient faire à leur
préjudice, ils fe font affemblés,
& d'un commun accord ont fait
rédiger par écrit le nombre de
cinquante-cinq Articles, contenant les chofes qui doivent être
faites, gardées & obfervées entr'eux, & les ouvrages qui leur
appartiennent, de les faire à l'ex-
clufion de tous autres ; & généralement tout ce qu'il eft néceffaire d'obferver, tant pour l'intérêt public, que pour la confervation des droits & avantages
des Maîtres dudit Métier. A CES
CAUSES, requeroient les Supplians, qu'il plût à Sa Majefté
ordonner, que lefdits Articles
feroient exécutés, gardés & obfervés, & qu'à cette fin toutes
Lettres leur en feroient expé-

diées : Vû ladite Requête, les Anciens Statuts des Jurés & Maîtres dudit Métier, faits & arrêtés au mois de Février mil cinq cens foixante-dix-fept ; Lettres Patentes portant confirmation defdits Statuts defdits mois & an. Signées DE LOBESPINE, & fcellées du grand fceau de cire verte. Autres Lettres de confirmation defdits Statuts du mois de Novembre mil cinq cens nonantecinq. Signé BACGUANLY, & fcellées. Requête préfentée au Roi en fon Confeil, par les Jurés, anciens Bacheliers & Maîtres dudit Métier, à ce que pour les caufes y contenues, il plût à Sa Majefté fupprimer les Lettres de Maîtrife dudit Métier, créées fous quelque prétexte que ce foit, & qu'il ne fera reçu aucun Maître qu'après avoir fait Apprentiffage & Chef-d'œuvre, fuivant qu'il eſt porté par leſdits Statuts : Arrêt du Conſeil rendu ſur ladite Requête le vingt-cinq Février mil ſix cens cinquante, portant renvoi de ladite Requête au Lieutenant civil de Paris, pour, ſur le contenu d'icelle, donner ſon avis ; & icelui vû, être ordonné ce que de raiſon. Commiſſion expédiée ſur ledit Arrêt, l'avis dudit Lieutenant Civil : Letttres Patentes en date du mois de Juin mil ſix cens cinquante, ſignées LE TELLIER, & ſcellées, portant entr'autres choſes, qu'à l'avenir ledit Métier de Sellier-Lormier-Carroſſier, ſera excepté des Lettres de Maîtriſe qui ſeront expédiées ſous quelque prétexte que ce ſoit : Arrêt d'enregiſtrement deſdites Lettres, en date du 12 Juillet mil ſix cens cinquante. Un cahier en papier, contenant leſdits cinquante - cinq Arti-

cles des Statuts & Reglemens
que lesdits Supplians ont fait
rédiger par écrit : Sentence dudit enregistrement au Greffe
du Châtelet de Paris , & autres
piéces attachées à ladite Requête : Oüi le Rapport du sieur Colbert , Conseiller ordinaire au
Conseil Royal , Contrôlleur Général des Finances, & tout considéré : LE ROI EN SON
CONSEIL , a ordonné & or-
donne, que par le sieur de la
Reynie , Maître des Requêtes
ordinaire de son Hôtel, Lieutenant de Police de la Ville &
Fauxbourgs de Paris , & les Procureurs de Sa Majesté des deux
Châtelets , il sera donné avis à
Sa Majesté sur le contenu aux
Statuts présentés par les Maîtres
Selliers - Lormiers - Carrossiers
de la Ville , pour ledit avis vû
& rapporté au Conseil, être or-

donné ce qu'il appartiendra. Fait au Conseil d'Etat du Roi, tenu à Saint Germain en Laye, le douzieme jour d'Avril mil six cens soixante-dix-sept. Collationné.

Signé COQUILLE.

STATUTS
ET
ORDONNANCES
DES MAITRES

Selliers, Lormiers, Carrossiers
de la Ville, Fauxbourgs & Banlieue
de Paris.

Article Premier.

NE sera reçu aucune personne
dans le Métier de Sellier-Lormier-Carrossier de cette Ville de
Paris, qui ne soit de la Religion
Catholique, Apostolique & Ro-
maine.

II.

Les Maîtres de la Commu-

nauté feront tous unis en Confrai-
ris, fous la protection & le nom
de S. Eloy, leur Patron, & payeront chacun vingt fols par an,
pour l'entretien de ladite Confrairie, qui fera adminiftrée par
les deux Jurés nouvellement
élus, pendant la premiere année
de leur Jurande, à la fin de laquelle ils rendront compte de
leur adminiftration.

III.

Seront les Maîtres Selliers tenus de fe trouver en la Chambre de la Communauté, lorfqu'ils
y feront mandés par les Jurés,
lefquels les feront avertir par bil-
lets la veille pour le lendemain
matin : Et feront tenus lefdits
Jurés de fe trouver à l'heure
qu'ils les auront mandés : Ne
feront tenus lefdits Maîtres at-
tendre plus d'une heure après
l'heure indiquée, après laquelle

pourrront délibérer du sujet de l'Assemblée convoquée, pourvû qu'ils soient au moins au nombre de douze, ainsi qu'il est porté par le septiéme Article des anciens Statuts.

IV:

Défenses à tous Maîtres de jurer & proférer aucunes injures les uns contre les autres, dans les Assemblées qui se font pour les affaires de ladite Communauté, à peine de vingt livres d'amende, applicable à l'Hôpital Général, & d'être privés pendant six mois d'entrer en aucunes Assemblées de ladite Communauté.

V.

Tous Brevets d'apprentissage seront faits pour six ans, à peine de nullité, & seront passés pardevant les Notaires au Châtelet de Paris, lesquels Brevets seront enfuite regiftrés en la Chambre de Meffieurs les Procureurs du Roi, & fur le Livre de ladite Communauté, qui fera entre les mains des Jurés pendant la premiere année de leur Jurande, & enfuite paffera ès mains de ceux qui leur fuccéderont d'année en année, le tout en la diligence du Maître de l'Apprentif, quinzaine après qu'il fera entré chez lui, & ce pour éviter à l'avenir les fraudes & abus qui fe pourroient commettre dans la paffation defdits Brevets d'apprentiffage, par collufion & intelligence qui pourroient être entre les Maîtres & les Apprentifs, & payeront lefdits Apprentifs fix livres à la Confrairie de ladite Communauté : & pourront lefdits Maîtres, après les quatre premieres années de l'apprentiffage expirées, obliger un fecond Apprentif en la même forme que deffus, & en y appellant les Jurés, à peine de nullité : Et si pendant ledit apprentissage arrive le décès du Maître, ledit Apprentif pourra parachever son tems chez la veuve, ou sinon sera ledit Brevet mis ès mains des Jurés, afin de le pourvoir d'un autre Maître, afin que son tems ne soit perdu.

VI.

Lesdits Apprentifs seront tenus de servir lesdits Maîtres quatre années après leurs apprentissages achevés, en qualité de Compagnons, avant que de se présenter à la Maîtrise : Et après que lesdits Apprentifs auront servis comme ci-dessus, s'ils veulent être passés Maîtres, ils apporteront leur Brevet bien & duement quittancé de leur Maître ou de sa veuve, avec un certificat de quatre ans de services faits depuis; lesquels

Brevet & certificat ils laisseront aux Jurés pendant quinze jours, pour les faire voir aux Anciens de la Communauté.

VII.

Ne pourront lesdits Maîtres Selliers, prendre ni faire travailler un Garçon ou Compagnon sortant de chez un Maître dudit Métier, qu'il ne rapporte son congé, signé du Maître d'où il sort, à peine de dix livres d'amende contre les contrevenans.

VIII.

Lesdits Brevets & certificat vûs, examinés & communiqués, les Jurés, avec les anciens Bacheliers, donneront Chef-d'œuvre à l'Aspirant, qui sera tenu de le faire en la façon & maniere qui ensuit; c'est à sçavoir, qu'il charpentera de sa main un Arçon à corps, le garnira d'Armures, devant & derriere, le tout bien & duément, ainsi qu'il sera ordonné par lesdits Jurés & par les anciens Bacheliers, à chacun desquels Jurez & anciens Bacheliers qui seront présens, sera payé par l'Aspirant trois livres, pour leurs droits pour chacune vacation, & ne pourront être faites plus de deux vacations, tant pour donner Chef-d'œuvre que pour le faire & parfaire; & pour la réception & prestation de serment de l'Aspirant, lequel sera aussi tenu payer dix livres pour la Confrairie.

I X.

Le Chef-d'œuvre étant bien & duément reçu & approuvé par les Jurés & Anciens, ledit Aspirant sera conduit par lesdits Jurés & Anciens en la Chambre du du Procureur du Roi au Châtelet de Paris, pour prêter le serment de bien & fidélement exercer ledit Métier, souffrir la visite des Jurés, & leur porter honneur & respect, ainsi qu'il est porté au quatrieme article des anciens Statuts.

X.

Les Fils de Maîtres nés & procréés en légitime mariage, depuis la réception de leurs peres à la Maîtrise, seront reçus en faisant & garnissant une Selle raze par expérience, ainsi qu'il leur sera ordonné par les Jurés & Anciens, comme il est porté au cinquiéme Article des anciens Statuts, & les droits dûs & accoutumés.

X I.

S'il arrive que la veuve d'un desdits Maîtres épouse un Apprentif de Paris ou d'un autre lieu, ledit apprentif fera tenu, aprés avoir repréfenté aux Jurés dudit Métier fon Brevet d'apprentiffage bien & duément figné de fon Maître, des Notaires ou Tabellions du lieu où il a fait ledit apprentiffage, de charpenter de fa main l'Arçon d'une Selle à piquer, la garnir bien & duément, comme il appartient, & payera à chacun des Jurés & Anciens les droits dûs & accoutumés.

XII.

Si un Apprentif époufe la fille d'un Maître, il fera tenu, après avoir achevé le tems de fon apprentiffage, & avoir fervi pendant deux années entieres les Maîtres de Paris, de faire & charpenter l'Arçon d'une Selle à piquer, le garnir fort proprement, & payera le jour de fa Ré-

ception les droits dûs & accoutumés aux Jurés & Anciens.

XIII.

Lefdits Maîtres Selliers-Lormiers Carroffiers pourront à l'ex-
clufion, comme à eux feuls ap-
partenans, entreprendre, faire,
& vendre Litieres, Selles, Har-
'nois d'icelles, Litieres à bras &
bricolles, les garnir & couvrir
de drap d'or & d'argent, velours,
fatin & autres étoffes; & défenfes font faites à tous autres que
lefdits Maîtres Selliers de les faire, fur peine de confifcation defdits ouvrages, & de l'amende arbitraire, comme il eft porté au
troifieme Article des anciens
Statuts.

XIV.

Pourront auffi lefdits Maîtres Selliers, avec pareille exclu-
fion entreprendre de faire &

vendre toutes fortes de Coches ; Chars, Chariots, Carroffes, Calêches, de telle maniere qu'il conviendra les garnir & couvrir, de drap d'or & d'argent & de foye, tant en dedans que dehors ; couvrir auffi tous les Harnois, Supentes, Chenettes, Courroyes & généralement ce qui dépend & tient aux Chars, Chariots, Carroffes, Calêches & Chaifes roulantes, comme il eft porté au fufdit article troifieme.

X V.

Pourront encore lefdits Maîtres Selliers, exclufivement & privativement à tous autres, entreprendre de faire & livrer toutes fortes de Carroffes montés & non montés fur leurs trains, avec tout ce qui en dépend ; fournir toutes fortes de Harnois en tel nombre & quantité qu'il conviendra, garnir tant le de-

dans que les dehors defdits Car-
rofles, Coches, Litieres & autres Voitures portantes & roullantes, de toutes fortes d'étoffes,
foit de drap d'or ou d'argent, velours, damas, fatin & autres,
tant de foye que de laine, ainfi
qu'il eft porté par Arrêt de la
Cour, en date du 27 Janvier
1625.

XVI.

Auront en outre lefdits Maîtres Selliers & Lormiers, eux
feuls & non autres, droit &
pouvoir de faire & vendre toutes
fortes de Couffinets de pofte,
garnis de leurs Valizons; Couffinets de Trouffes, Malles, Por-
te-manteaux, tant de cuir que
de drap & autres étoffes, foit de
laine ou foye, fermant par les
bouts ou par le deffus, foit avec
cordons ou couroyes, chaînes
de fer, boutons ou bouviers;

toutes sortes de Poches, tant grandes que petites, servant sur le devant ou croupe des chevaux, pour porter hardes, argent ou vaisselle, les garnir de Coussinet, ainsi que le besoin le requerera; les fermer à cordons ou chaînes de fer; toutes sortes de couvertures, soit de drap, cuir, toile cirée, treillis ou autres étoffes, tant pour chevaux de carrosse que de selle, chariots, fourgons, charettes de bagages, qu'autres voitures; toutes sortes de Foureaux de pistolets; Chaperons, Bourses, Faux-foureaux & garnitures d'iceux; toutes sortes de Housses, de quelque façon & maniere que ce soit : Caparaçons brodés on non brodés ; Bats François & courroyes servant à iceux; Chaises, Placets, Garnitures, Foureaux d'arquebuse, Bourses pour iceux ; Foureaux de rondaches, Casques,

Heaufmes, Epieux d'arbalêtres, & généralement toutes fortes de Selles pour chevaux, hacquenées, mulets & autres montures, & toutes autres chofes qui appartiennent audit Métier de Sellier. ainfi qu'il eft porté au troifieme Article des anciens Statuts.

XVII.

Pourront lefdits Maîtres entreprendre, faire & fournir toutes fortes de Chars Triomphans, Calêches enrichies & Carroffes, en quelque forte & maniere que ce foit, comme auffi tous Harnois de Selle, couvertes, femés & enrichis d'orféveries & autres fortes d'embelliffemens: feront auffi lefdits Maîtres toutes fortes de Selles à piquer à la Hollandoife, razes, Selles à l'Angloife, Selles à femmes, brodées ou non: comme auffi couvertures de cuir & de toille cirée; toutes

fortes de Houffes volantes ;
Houffes en fouliers , Houffes de
croupes ; Couverture de chevaux
de carroffe , le tout pour fervir,
tant pour les magnificences d'en-
trées , que pour toutes fortes
de Caroufels de Majorité , Sa-
cre , Mariages & autres : toutes
fortes de Caparaçons garnis de
volettes , & toutes fortes de couvertures de mulets & de bas fié-
ges de Cochers.

XVIII.

Pourront auffi enrreprendre
de faire Chariots de Pompes fu-
nebres, faire & fournir la grande couverture pendante , garnir
le cercuëil de velours & de croix
de fatin, faire les Caparaçons
des chevaux & écharpes ou autrement, avec leurs crinieres, &
fornir tout ce qu'il conviendra
aux Harnois & à la Selle.

XIX.

XIX.

Nul ne pourra faire ni entreprendre aucune banderolles de tymbales, guibons, ni étendarts, s'il n'est Maître Sellier-Lormier-Carroffier.

X X.

Pourront encore lefdits Maîtres Sellier, faire & vendre toutes fortes de filets, Maftigadons, Caneçons, Cavefines, Lunettes, Mords & Etriers, Trouffes queues, Etuits, Couvertures de tymbales, Etuits, Porte - Moufquets, Carabines, Entraves, Porte - guidons, Bridons & généralement toutes fortes de Lormeries, Ferriers & non autres, & pourront enrichir & enjoliver d'or & d'argent tous lefdits Mords, Etriers, Eperons & toutes autres Marchandifes appartenant audit Métier :

comme il eſt porté au ſeiziéme Article des anciens Statuts..

XXI.

Et pour le bien & intérêt public, pour empêcher les fraudes & abus qui ſe pourroient commettre dans ledit Métier, de faire ou faire faire toutes les Selles de la qualité & maniere qui en ſuit; ſçavoir, que l'Arçon ſoit bon, de bois neuf & de meſure, bien nervé & collé, & qui ne ſoit rebandé de bandes de fer, devant & derriere, & houſſé de cuir ſur les pointes, juſqu'au deſſus du liege & houſſe de toille ; que les panneaux & quartiers ne ſoient doublés & pattés de toille, & le tout rembourré de bourre ou d'autre choſe meilleure: comme ſeront auſſi les Bats françois, bien nervés & encuirés de bon cuir par tout; & s'il ſe trouve le contraire, l'œuvre sera confisqué & condamné à l'amende, telle qu'il plaira à Justice, ainsi qu'il est porté au quatorziéme Article des anciens Statuts.

XXII.

Nul Maître ne peut dorer ni argenter, étamer, vernir mords, étriers & éperons, s'ils ne sont bons & loyaux; & si quelqu'un desdits Maîtres en expose en vente qui ne soit bon & duément fait, sera saisi & confisqué, comme chose de nulle valeur, & seront tenus de dorer, argenter, étamer & vernir toutes sortes de bonnes œuvres, pourvû que ce soit de bon étaim fin & bon verni, & nul ne peut faire ni entreprendre lesdites choses s'il n'est Maître Sellier, ainsi qu'il est porté aux dix-huit & dix-neuvieme Articles des anciens Statuts.

XXIII.

Peuvent néanmoins lefdits Maîtres Selliers, regarnir un Arçon vieil de bandes vieilles & non renouées, & les couvrir de neuves ou mêlées de vieilles, que les panneaux foient bien pâtés, remplis de bourre & non de foin; enforte que la Selle paroiffe vieille à celui qui la marchandera ou achetera, & qui fera le contraire, l'œuvre fera faifi & confifqué.

XXIV.

Seront tenus les Maîtres Selliers-Lormiers-Carroffiers de bien coller le Corps du Carroffe, Chaifes & Calêches, & nerver tous les panneaux d'iceux & toutes les barres à mettre les cloux, & feront lefdits Carroffes & Calêches matelaffés de bonne toille & emplis de bourre ou autres choſes meilleures : comme auſſi les couvrir de bon cuir de vache, bien paſſé & corroyé, dont les impériales feront ſans trous, piéces ni verbelets ; & où ſera trouvé le contraire, ſera ſaiſie pour faire rapport à Monſieur le Procureur du Roi, pour en ordonner ce que de raiſon ; & que toutes les ſaiſies qui feront faites chez les contrevenans, feront tenus les Jurés d'en faire rapport pardevant mondit ſieur le Procureur du Roi **au Châtelet de Paris**, pour en ordonner ce que de raiſon ; & feront obligés leſdits Jurés de faire confirmer les Avis de mondit ſieur le Procureur du Roi, pardevant Monſieur le Lieutenant Général de Police, ſur peine de cinq livres d'amende contre leſdits Jurés qui feront le contraire.

XXV.

Ne pourront lefdits Maîtres Selliers - Lormiers - Carroffiers, avoir deux Boutiques ouvertes fur rues, pour faire travailler dudit Métier, fi ce n'eft en cas de démenagemens, & ce pour trois mois au plus; pourront néanmoins lefdits Maîtres travailler dans les Magafins & Chantiers, pourvû que les portes foient clofes & fermées fur rue & hors de la vue des paffans.

XXVI.

Et d'autant qu'à la fuite du Roi & de la Cour il ne s'y rencontre pour l'ordinaire que des Compagnons, ou autres perfonnes incapables & fans expérience, ce qui caufe beauccup de dommages, de pertes & d'incommodités à ceux de la fuite de ladite Cour: pourront lefdits

Maîtres Selliers, aller & travailler à la suite de ladite Cour, s'établir si bon leur semble en tel lieu & Ville qu'il leur plaira, & y tenir boutique ouverte pour y faire & exercer ledit Métier de Sellier - Carrossier, sans qu'ils soient tenus ni obligés de faire Chef - d'œuvre & expérience, travail ni dépense, sous quelque chose & prétexte que ce soit, pourvû qu'ils fassent apparoir leur Lettre de Maitrise qu'ils auront reçue de Monsieur le Procureur du Roi au Châtelet de Paris : jouiront leurs veuves & leurs enfans de tous les droits & franchises dont jouissent lesdits Maîtres des Villes où ils se retireront, payeront néanmoins aux Jurés desdites Villes les demis-droits accoutumés seulement : & défenses seront faites à toutes personnes de les troubler dans leur établissement esdites Villes,

C iv

ou pendant le féjour qu'ils y pourront faire.

XXVII.

S'il arrive que les Maîtres de Paris qui fe retireront ayant des enfans pendant leur féjour hors de la Ville de Paris, les enfans feront reconnus enfans de Maîtres de Paris, en faifant apparoir par eux les Lettres de Maitrife de leurs peres & autres pieces juftificatives.

XXVIII.

Défenfes à tous Maîtres Charrons & Menuifiers, de faire ni faire faire aucun Carroffes, Chaifes roulantes, Couvertures de Chariots, Charettes, Fourgons, Coches, en telle forte & maniere que ce foit, fi ce n'eft par lefdits Maîtres Selliers-Lormiers - Carroffiers, fuivant les Sentences & Arrêts de la Cour.

XXIX.

Défenfes à tous Marchands de Chevaux, Loueurs de Chevaux, demeurant en la Ville & Fauxbourgs de Paris, de faire faire aucune Selle, aucuns Harnois d'icelles, & autres chofes appartenantes audit Métier, fi ce n'eft d'un Maître Sellier-Lormier-Carroffier, à peine de confifcafion defdits ouvrages, & de l'amende arbitraire.

XXX.

Ne pourront lefdits Marchands de Chevaux, Loueurs de Carroffes, de traverfes & autres, faire faire aucuns Ouvrages de Selles, de Carroffes, Harnois, ni faire refaire par aucun compagnon ou Garçon Sellier, mais feront tenus de les faire faire ou refaire par lefdits Maîtres Selliers : comme aufli ne pourront acheter aucuns Ouvrages concernant ledit Métier, fi ce n'eft d'un defdits Maîtres Selliers, à peine de confifcation defdits Ouvrages & d'amende arbitraire; & défenfes à aucun Garçon de faire acte de Maître ni de travailler en chambre : faire Arçon de Selle ni Bats françois, ni aucunes Harnachures, fi ce n'eft pour lefdits Maîtres Selliers - Lormiers - Carroffiers, à peine de confifcation & amende, comme il eft porté au vingt-neuviéme Article des anciens Statuts.

XXXI.

Défenfes feront faites à toutes perfonnes de porter, vendre en Ville par les maifons, aucuns ouvrages dudit Métier, qu'il ne foit Maitre Sellier, à peine de confifcation defdits ouvrages & d'amende arbitraire, ainſi qu'il eſt porté au treiziéme Article des anciens Statuts.

XXXII.

Et d'autant qu'il y a connexité & rapport, même de la dépenſe du Métier de Coffretier à celui de Sellier-Lormier; ne pourront leſdits Jurés Coffretiers - Malletiers, ordonner Chef-d'œuvre ou expérience, ni recevoir aucun Maitre de leur Métier, comme auſſi faire aucune viſite, ni ſaiſir aucune choſe dudit Métier de Malletier, s'ils ne ſont accompagnés des Jurés Selliers-Lormiers, à peine de livres d'amende, & de nullité de tout ce qu'ils auroient fait en l'abſence deſdits Jurés Selliers, ſuivant les Arrêts de la Cour & du Conſeil Privé, & ainſi qu'il eſt porté au trente-uniéme Article des anciens Statuts.

XXXIII.

Pourront lesdits Maitres Selliers-Lormiers, travailler & tenir Boutique ouverte à Paris, de Coffretier-Malletier, en faisant par eux expérience, qui leur sera ordonnée par les Jurés Selliers, en présence des Jurés Coffretiers, qui seront à cet effet mandés en la Chambre de la Communauté desdits Selliers.

XXXIV.

Tous Marchands Forains, apportans ou amenans Marchandise servant audit Métier de Sellier-Lormier-Carrossier, pour vendre, comme Arçons, Bandes, Sangles, Surfais, Boucles ou autre chose semblable, arrivant à Paris, seront tenus de la faire descendre au Bureau de la Communauté desdits Selliers, dans les vingt-quatre heures après leur arrivée, & ne pourront la délier ni expofer en vente, qu'elle n'ai été vifitée par les Jurés Selliers, qu'ils avertiront ou l'un d'iceux pour cet effet ; après quoi lefdits Marchands ne pourront faire enlever leur Marchandife pour vendre hors dudit Bureau, à peine de confifcation d'icelle, fi ce n'eft qu'il ne la vouluffent porter hors la Ville & Banlieue de Paris & fans frais, à peine de dix livres parifis d'amende, ainfi qu'il eft porté au douzieme Arricle des anciens Statuts.

XXXV.

Et d'autant que plufieurs Compagnons Selliers Forains, viennent s'établir aux Faux-borgs de la Ville de Paris & exercent ledit Métier, ce qui caufe plufieurs troubles & procès à la Communauté defdits

Maitres Selliers, nul ne pourra s'établir à l'avenir & tenir Boutique ouverte aufdits Fauxbourgs, qu'il ne foit reçu Maitre Sellier à Paris, à peine de cinq cens livres d'amende, applicable moitié au Roi, moitié à l'Hôpital Général.

XXXVI.

Et comme il arrive fouvent que des Compagnons ou Garçons Selliers fe retirent ès Hôtels des Princes & grands Seigneurs, fous prétexte de leur appartenir & être à leur fervice, ou dans les Commanderies, Prieurés, Colleges & autres lieux, où ils font & vendent toutes fortes d'ouvrages concernant ledit Métier de Sellier, au préjudice defdits Maitres Selliers & contre l'intérêt même du Public, à caufe des mauvais ouvrages qu'ils vendent & débitent à

toutes fortes de perfonnes : feront tenus lefdits Compagnons
ou Garçons de fe retirer chez
les Maitres dudit Métier : pourront néanmoins ceux qui font
actuellement aux gages defdits
Princes & Seigneurs, travailler
pour lefdits Princes & Seigneurs
feulement, & non pour autre
perfonne, fous quelque prétexte
que ce foit, à peine de cinquante
livres d'amende pour chaque fois
qu'ils contreviendront, & de
confifcation defdits ouvrages ; le
tout applicable à l'Hôpital Général, & de plus grande peine s'il y
échet.

XXXVII.

Et afin que le précédent Article puiffe être exécuté, pourront lefdits Jurés, en vertu d'une
Commiffion de Monfieur le Pré-
vôt de Paris, émanée de la
Chambre de Monfieur le Procu-

reur du Roi au Châtelet, affiſtés & accompagnés d'Huiſſiers & Commiſſaires audit Châtelet, en tant qu'ils le jugeront néceſſaire, ſans qu'il ſoit beſoin d'autre Permiſſion, ni Pareatis, ſe tranſporter, faire leur viſite & perquiſition, tant eſdits Colleges, Hôtels, Commanderies, Prieurés, qu'autres lieux de la Ville, Fauxbourgs & Banlieue de Paris, ſaiſir & faire arrêter les ouvrages que leſdits Compagnons, Garçons & autres, font & feront eſdits lieux, ſans qu'ils en puiſſent être empêchés par qui que ce ſoit, à peine d'amende arbitraire.

XXXVIII.

Défenſes auſdits Maitres Selliers - Lormiers - Carroſſiers, de prêter leurs noms, ni protéger aucuns Compagnons ou autres, dans les entrepriſes qu'ils font

font des ouvrages dudit Métier, au préjudice defdits Maitres Selliers, ni faire marché d'aucuns ouvrages, fi ce n'eft pour eux-mêmes, à peine, tant contre lefdits Maitres que contre lefdits Compagnons ou autres, de cent livres d'amende, applicable un tiers au Roi, un tiers à l'Hôpital Général, & un tiers aux Jurés de la Communauté.

XXXIX.

Nul autre que les les Maitres Selliers-Lormiers-Carroffiers ne pourra acheter aucune Marchandife, pour revendre en la Ville de Paris, à peine de confifcation de la Marchandife qui aura été achetée & de fix livres d'amende, applicable à l'Hôpital Général ainfi qu'il eft porté au troifieme Article des anciens Statuts.

D

X L.

Et afin que ces préfens Statuts & Ordonnances foient entierement obfervés, felon leur
forme & teneur, tant pour le
bien public que pour la confervation dudit Métier, il y aura
quatre Jurés - Gardes Selliers-
Lormiers-Carroffiers, qui feront
élus à la pluralité des voix, pardevant l'un de Meffieurs les Procureurs du Roi, par tous les
anciens Bacheliers qui ont exercé
la Jurande dans la Ville, vingt
Modernes & vingt Jeunes, qui
y feront appellés alternative-
ment, fuivant l'ordre du Ta-
bleau, le lendemain de la Tranf-
lation de Saint Eloy, Patron
defdits Maîtres Selliers, ou autre jours plus commode, & feront
élus tous les ans deux nouveaux
Jurés, qui feront ferment pardevant Monfieur le Procureur

du Roi au Châtelet, de veiller & travailler avec les deux Anciens qui auront été élus l'année précédente, à tous ce qui concerne le bien & avantage dudit Métier, & empêcher les abus qui se pourroient commettre ; & quaizaine après leur tems expiré, rendront compte de leur administration pardevant les Jurés lors en Charge, & tous les Anciens, sans aucun frais ni droits.

XLI.

Ne sera reçu aucun Juré qu'il n'ait pour le moins dix ans de Maîtrise & d'établissement en Boutique, afin qu'il ait plus de connoissance à exercer ladite Charge.

XLII.

Seront tenu lesdits Jurés Selliers-Lormiers Carrossiers, assistés d'un Huissier au Châtelet, de deux mois en deux mois, de

faire une Vifite générale en toutes les Boutiques des Maîtres dudit métier, pour voir & exami-
ner fi les ouvrages qui fe feront
ès Boutiques defdits Maîtres font
bien & duément conditionnés,
fuivant qu'il eft porté par les
préfens Statuts, aufquels Jurés
fera payé par chacun defdits
Maîtres, à chaque vifite générale, cinq fols; excepté les anciens Bacheliers qui auront paffé
par les Charges de Jurande, &
leurs veuves fi elles tiennent Boutiques ouvertes après le décès de
leurs maris qui en font déchar-
gés.

XLIII.

S'il arrive que lefdits Jurés
trouvent quelque ouvrage défectueux, ils feront tenus de les
faifir & arrêter pour faire leur
rapport de la défectuofité d'iceux
à M. le Procureur du Roi au

Châtelet, qui en ordonnera ce que de raifon, ainfi qu'il eſt porté aux Articles ci-devant.

XLIV.

S'il arrive qu'aucun defdits Maitres Selliers faffent Carroffes ou autres ouvrages dudit Métier en Maifons Bourgeoifes ou ailleurs qu'en leur Boutique ou chantier, ils feront tenus de le déclarer aux Jurés de la Communauté, enfemble les perfonnes qu'ils employeront aufdits ouvrages, & ce pour éviter les faifies qui fe pourroient faire defdits ouvrages, fans connoiffance de fait, à peine des frais defdites faifies contre les Maitres, & de dix livres d'amende.

XLV.

Défenfes à tous Ferrailleurs & Défaifeurs de vieux Carroffes, de vendre aucuns Carroffes, Coches, Calêches, Chaifes roullantes ou autre chofe appartenante audit Métier, qui ne foit mis par piéces ou rompu par morceaux, à peine de confifcation & d'amende.

XLVI.

Les amendes & confifcations qui feront jugées pour fraude, abus, malverfations & contraventions aux préfens Statuts & Réglemens, feront appliquées un tiers au Roi, un tiers à l'Hôpital Général, & l'autre tiers aux Jurés & Gardes de la Communauté.

XLVII.

Toutes les conteftations nées & à naitre, en exécution des préfens Statuts, feront traitées en premiere inftance au Châtelet pardevant M. le Procureur du Roi, & en cas de renvoi, pardevant M. le Lieutenant Général de Police en la maniere accoutumée par appel au Parlement.

XLVIII.

Ne pourront lefdits Maitres Selliers-Lormiers-Carroffiers être traduits pour tous leurs procès & différends civils, concernant leur Métier, en différentes Jurifdictions, mais feulement en premiere inftance au Châtelet, & par appel au Parlement.

Vue par Nous GABRIEL-NICOLAS DE LA REYNIE, Confeiller du Roi en fes Confeils, Maitre des Requêtes ordinaire de fon Hôtel, & Lieutenant Général de Police de la Ville, Prévôté & Vicomte de Paris, Armand Jean de Ryants & Claude Robert, auffi Confeiller du Roi en fes Confeils, & fes Procureurs au Châtelet de Paris : les nouveaux Statuts pré-

sentés au Roi en son Conseil par
les Jurés & anciens Bacheliers de
la Communauté des Maitres Selliers-Lormiers-Carrossiers de la
Ville & Fauxbourgs de Paris,
contenant quarante-huit articles, pour être dorénavant gardez & observez par ladite Communauté, & l'Arrêt du Conseil
d'Etat du
par lequel Sa Majesté nous a renvoyé lesdits Statuts pour y donner notre avis, pour ce fait être
ordonné que Sadite Majesté ce
que de raison.

Notre Avis est, sous le
bon plaisir du Roi & de Nosseigneurs de son Conseil, que
lesdits nouveaux Statuts contenant quarante-huit Articles, sont
bons, justes & raisonnables ;
qu'ils son conformes aux Mémoires qui nous restent des anciens Statuts de cette Communauté,

nauté, & à l'ufage dans lequel lefdits Selliers ont vêcu jufqu'à préfent; qu'ils ne contiennent rien qui foit contraire aux Réglemens de Police & au bien public : qu'ils font même néceffaires pour la confervation de leur Communauté, qui eft une des plus anciennes de Paris; & ainfi qu'ils peuvent être accordés. FAIT à Paris le fixiéme jour de Juin 1678.

Signés DE LA REYNIE, DE RYANTS & ROBERT.

Et plus bas, SAGOT.

Regiftrées : ouï *le Procureur Général du Roi, pour être executés felon leur forme & teneur, fuivant l'Arrêt de ce jour. A Paris, en Parlement, le vingtiéme jour de Janvier mil fix cens foixante dix-neuf.*

Signé, JACQUES.

E

Extrait des Regiſtres de Parlement,

VUE par la Cour les Lettres Patentes du Roi, données à Fontainebleau au mois de Septembre 1678, *ſignees* LOUIS, *& ſur le repli*, par le Roi, COLBERT, & lacs de ſoie du grand Sceau de cire verte, obtenues par les Bacheliers & Maître Selliers-Lormiers de la Ville, Fauxbourgs & Banlieue de Paris, par leſquelles pour les cauſes y contenues, ledit Seigneur Roi auroit approuvé, confirmé & autoriſé les Statuts, Articles & Reglemens faits par ladite Communauté: Veut & lui plaît qu'ils ſoient gardés, obſervés ſelon leur forme & teneur, & ainſi que plus au long contiennent leſdites Lettres à la Cour adreſsantes : Vû aussi l'Arrêt d'icelle, par lequel, avant procéder à l'enregistrement desdites Lettres, auroit été ordonné qu'elles seroient, avec lesdits Statuts, communiquées au Lieutenant de Police & aux Substituts du Procureux Général du Roi, pour donner sur icelles leurs avis, ou y dire autrement ce que bon leur sembleroit, pour ce fait rapporté & communiqué au Procureur Général du Roi, prendre telles Conclusions que de raison : l'Avis donné en conséquence par ledit Lieutenant de Police, & lesdits Substituts dudit Procureur Général au Châtelet, du 7 Décembre dernier : lesdits Statuts, Articles & Reglemens, & autres piéces attachées sous le contre-scel desdites Lettres, ensemble la Requête présentée à l'effet de l'enregistrement d'icelles : Conclusions du Procureur

Général du Roi. Ouï le rapport de M^e. Pierre Gilbert, Conseiller ; & tout confidéré : LA COUR a ordonné & ordonne que lefdites Lettres, Statuts & Réglemens feront enregiftrés au Greffe d'icelles, pour jouir par les Impétrans & ceux qui leur fuccéderont en ladite Maîtrife, de leur effet & contenu, & être exécutées felon leur forme & teneur. FAIT en Parlement le 20 Janvier 1679. *Collationé, Signé.*

JACQUES.

CONFIRMATION
DE STATUTS

Pour les Selliers-Lormiers de la Ville, Faubourgs & Banlieue de Paris.

LOUIS par la grace de Dieu Roi de France & de Navarre, à tous préfens & à venir, SALUT. Nos chers & bien amés les Bacheliers & Maîtres Selliers-Lormiers de la Ville, Fauxbourgs & Banlieue de Paris, nous ont très humblement fait remontrer qu'ayant l'avantage de nous rendre leurs fervices, & aux Princes & Seigneurs de notre Cour & fuite, & même à toutes les perfonnes de qualité de notre Royaume, leur Métier eft un des plus néceffaires, & auquel les] Maîtres & Jurés doivent, d'autant plus s'appliquer à faire la visite exacte des Carrosses, Chaises roulantes & autres ouvrages qui sont faits de leur Métier, pour éviter que par le défaut des mauvaises étoffes qui pourroient y être employées, ou les mal-façons desdits ouvrages, il n'arrivât quelque inconvénient: mais d'autant que leurs Statuts n'ont point été renouvellés depuis l'an 1577, & que les choses ont tellement changé depuis ledit tems, que non-seulement les termes énoncés dans lesdits Statuts ne sont pour la plûpart plus connus ni usités, mais encore les ouvrages tous différens, en sorte qu'il n'est pas possible ausdits Jurés, faisant leur visites, de convaincre de mal-façons les ouvrages les plus défectueux; & pour éviter aux inconvéniens qui pourroient arri-

ver par les abus qui se peuvent
commettre, & les entreprises des
Maîtres d'autres Métiers, qui
ont quelque rapport à celui desdits Selliers-Lormiers, les expo-
sans se sont assemblés en Corps
& Communauté en la Chambre
de leur Jurande, & après y avoir
fait appeller les Maîtres dudit
Métier, ils auroient examiné
leursdits anciens Statuts & Ordonnances, & iceux corrigé,
changé, augmenté & réformé,
ainsi que la nécessité & le tems le
requiert : & après avoir fait rédiger lesdits Statuts nouveaux,
en quarante-huite Articles, ils
nous auroient présenté leur Requête, sur laquelle est intervenu
Arrêt en notre Conseil d'Etat le
12 Avril 1677, portant renvoi
de la Requête & Statuts pardevant le sieur de la Reynie, Maître des Requêtes ordinaire de
notre Hôtel, Lieutenant de Po-

lice de la Ville & Fauxbourgs de Paris, & nos Procureurs des deux Châtelets, pour nous donner leurs avis fur le contenu aufdits Statuts, pour icelui vû & rapporté, être ordonné ce qu'il appartiendra; en exécution duquel les Expofans, leur ayant communiqué lefdits nouveaux Statuts, après qu'ils ont iceux examinés, ils nous auroient donné leur avis, contenant que lefdits nouveaux Statuts, ne contiennent rien qui foit contraire aux Reglemens de Police & au bien public, & qu'ils font même néceffaire pour la confervation de ladite Communauté: en conféquence de quoi, les Expofans nous ont très-humblement fait fupplier, de vouloir autorifer & confirmer lefdits nouveaux Statuts, & leur en faire expédier nos Lettres fur ce néceffaires: A CES CAUSES, voulant favo-

rablement traiter lefdits Expofans , & leur faciliter les moyens
de pourvoir aux défordres qui
peuvent être en leurdit Métier ,
& aux entreprifes qui pourroient
être faites fur eux , par les Maîtres des autres Métiers , qui ont
quelque rapport à celui des Expofans : après avoir fait voir en
notre Confeil leurs anciens Statuts du mois de Février mil cinq
cent foixante-dix-fept, les Lettres de confirmation d'iceux , &
plufieurs Arrêts & Réglemens
faits en conféquence, enfemble
ledit Arrêt de notre Confeil dudit jour douziéme Avril mil fix
cent foixante-dix-fept, & lefdits
nouveaux Statuts rédigés en un
cahier de parchemin , contenant
quarante-huit Articles , au bas
defquels eft l'Avis dudit fieur de
la Reynie & de nos Procureurs
aufdits Châtelets de Paris ; le
tout ci-attaché fous le contre-

ſcel de notre Chancellerie : Nous
de l'Avis de notre Conſeil, & de
notre grace ſpéciale, pleine puiſ-
ſance & autorité Royale, avons
approuvé, confirmé & autoriſé;
& par ſes préſentes ſignées de
notre main, approuvons, confirmons & autoriſons leſdits Statuts, Articles & Réglemens :
Voulons & nous plaît, qu'ils
ſoient gardés & obſervés ſelon
leur forme & teneur, tant par les
Maîtres dudit Métier, que autres
y dénommés, préſens & à venir,
ſans qu'il y ſoit contrevenu, en
quelque ſorte & maniere que ce
ſoit, ſur les peines y portées,
pourvû toutefois qu'il n'y ait
rien de contraire aux Ordonnances, ni aux Us & Coutumes des
lieux. Si DONNONS EN MANDE-
MENT à nos amés & feaux Con-
ſeillers, les gens tenans notre
Cour de Parlement de Paris, Pré-
vôt dudit lieu, ou ſon Lieute-

nant, & autres Officiers qu'il appartiendra, que ces Préſentes ils faſſent enregiſtrer, & du contenu en icelles jouir & uſer leſdits Expoſans & Maîtres dudit Métier, & ceux qui leur ſuccéderont, préſens & à venir, pleinement, paiſiblement & perpétuellement, ceſſant & faiſant ceſſer tous troubles & empêchemens au contraire : CAR TEL EST NOTRE PLAISIR : & afin que ce ſoit choſe ferme & ſtable à toujours, Nous avons fait mettre notre ſcel à ceſdites Préſentes. DONNÉ à Fontainebleau au mois de Septembre, l'an de grace mil ſix cent ſoixantedix-huit, & de notre Regne le trente-ſixiéme. *Signé* LOUIS.

Par le Roi, COLBERT.

Regiſtrées, ouï le Procureur Général du Roi, pour jouir par les Impétrans & ceux qui leur ſuccéderont,

de leur effet & contenu, & être exécutés selon leur forme & teneur,
suivant l'Arrêt de ce jour. A Paris
en Parlement le vingtiéme Janvier
mil six cent soixante dix-neuf.

Signé, JACQUES.

DÉCLARATION DU ROI,

Donné à Versailles le 21 Novembre 1705.

Portant nouveau Reglement pour la Communauté des Maîtres Selliers - Lormiers - Carrossiers de cette Ville de Paris.

LOUIS par la Grace de Dieu Roi de France & de Navarre. A tous ceux qui ces présentes Lettres verront: SALUT. Par notre Edit du mois d'Août mil sept cent un, Nous avons ordonné que tous les Officiers de notre Royaume dont les Offices sont héréditaires ou en survivance, demeureroient maintenus &

confirmés dans l'hérédité, à la charge de nous payer, par chacun d'eux, les sommes pour lesquelles ils seroient compris dans les Rolles, qui seroient arrêtés à cet effet, & les deux sols pour livres d'icelles, qui leur tiendroient lieu d'augmentation de Finances: & par Arrêt de notre Conseil du 11 Juillet 1702. Nous avons ordonné que ledit Edit seroit exécuté, à l'égard des Communautés & Officiers, tant de Judicature qu'autres, qui ont fait réunir à leurs Corps & Communautés, des Offices, droits ou taxations héréditaires, nonobstant la prétention où ils étoient de n'être point dans le cas de cette confirmation; en conséquence desquels Edit & Arrêt, les Jurés, Corps & Communauté des Maîtres Selliers-Lormiers-Carrossiers de notre bonne Ville de Paris, ont été

employé pour quatorze mil six
cent soixante-sept livres, & les
deux sols pour livre, à cause des
Offices de Syndics, Jurés, & d'Auditeurs des Comptes de leur
Communautés, créés ès années
1691 & 1694, dont nous leur
avons ci-devant accordé la réunion : & comme par notre Édit
du même mois de Juillet 1702,
nous avons créée par chaque
Corps des Marchands & Communauté d'Arts & Métiers de
notre Royaume, un Trésorier-
Receveur & Payeur de leurs deniers communs, lesdits Maîtres
Selliers - Lormiers - Carrossiers,
prenans occasion de ladite taxe
de confirmation d'hérédité, laquelle ils auroient prétendu toujours ne pas devoir ; mais voulant en cela nous marquer leur
soumission, & considérant qu'il
ne pouvoit y avoir rien de plus

avantageux pour leur Communauté, que d'y réunir pareillement ledit Office de Tréforier,
avec les taxations & droits qui y
font attachés, & les gages tels
qu'il nous plairoit d'y attribuer,
ils nous auroient très-humblement fait fupplier de leur accor-
der ladite réunion, & de nous
contenter d'une fomme de vingt-
un mille livres de principal, &
de deux mille cent livres pour les
deux fols pour livre, tant pour
la Finance dudit Office, que pour
ladite taxe de confirmation d'hérédité; laquelle propofition &
offre nous avons bien voulu ac-
cepter; & en conféquence avons
ordonné par Arrêt de notre Confeil du 20 Mars 1703, qu'en
payant par eux lefdites fommes
dans certains termes, ils jouiront
du bénéfice de ladite Confirmation & dudit Office de Tréforier,
qui

qui demeureroit uni & incorporé à leur Communauté, avec les Droits, Priviléges & Exemptions y attribués, & de quatre cens quarante livres de gages actuels & effectifs par chacun an, à commencer du premier du mois de Janvier 1703, même leur avons permis d'emprunter lesdites sommes en tout ou partie, & accordé aux Prêteurs le Privilége & hypotheque spécial sur ledit Office, droits & gages y attribués, pour l'exécution desquels offres, & attendu qu'ils ne sont pas assurés de trouver à emprunter dans le public des deniers suffisans pour les remplir, comme ils n'ont rien tant à cœur que de nous marquer leur zèle & leur obéissance à nos volontés, ils croyent qu'ils seront obligés de lever par forme de prêt sur eux-mêmes ce qui leur

F

pourra manquer, laquélle levée
ils ne peuvent faire sans notre
permiſſion : d'ailleurs, jugeans
néceſſaire de pourvoir à ce que
les arrérages des ſommes qu'ils
emprunteront du public, ou
qu'ils leveront par réparation,
ſoient exactement payées, &
même qu'il puiſſe y avoir de
tems à autre du revenant bon,
pour l'employer à l'extinction
du principal, ce qui ne ſe peut
qu'en impoſant quelques droits
nouveaux ſur les Viſites & ſur
les Réceptions, & en ſe preſcri-
vant des Reglemens qui les main-
tiennent dans une exacte diſcipline, & empêchent les abus qui
détruiſent ordinairement les
Communautés les mieux éta-
blies : ils ont pris entr'eux, ſous
notre bon plaiſir, une délibéra-
tion contenant pluſieurs diſpo-
ſitions, qu'ils déſireroient qu'il

nous plût autorifer, & voulant favorablement traiter ladite Communauté des Maîtres Selliers-Lormiers-Carroffiers de notre bonne Ville de Paris, leur donner des marques de la fatif-faction que nous avons de leur obéiffance, & leur faire reffentir les effets de notre protection. A CES CAUSES & autres, à ce nous mouvans, après avoir fait exa-miner en notre Confeil les arti-cles & propofitions que lefdits Maîtres Selliers-Lormiers Car-roffiers ont fait rédiger par écrit, enfemble leurs Statuts, confir-més par nos Lettres Patentes du mois de Septombre 1678, regif-trées où befoin a été ; ladite dé-libération prife en leur Commu-nauté, enfemble ledit Arrêt du-dit jour 20 Mars 1703, & de notre certaine fcience, pleine puiffance & autorité Royale,

Nous avons par ces préfentes fi-
gnées de notre main, conformément à notre Edit du mois
d'Août 1701, à l'Arrêt de notre
Conseil du 11 Juillet 1702, & à
celui dudit jour 20 Mars 1703,
maintenu & confirmé, mainte-
nons & confirmons ladite Communauté des Maîtres Selliers-
Lormiers - Carroffiers de notre
bonne Ville de Paris, dans l'hérédité de leurs Offices de Syndics, Jurés & d'Auditeurs de
leurs comptes, dons nous leur
avons ci-devant accordé la réunion, & de la même autorité
que deffus, avons uni & incorporé, uniffons & incorporons à
ladite Communauté, l'Office de
Tréforier-Receveur & Payeur
de leurs deniers communs, créé
par notre Edit du mois de Juillet 1702, pour jouir par eux des
Droits, Priviléges & Exemptions

y attribués; & en outre de quatre cens quarante livres de gages
actuels & effectifs par chacun
ans, à commencer du premier
Janvier 1703, sans que pour raison dudit Office ils soient obligés de prendre aucunes Lettres
de Provisions, ni qu'ils soient
ci-après tenus d'aucune taxe de
confirmation d'hérédité ni autres, dont nous les déclarons
exempts, à la charge de payer
par eux, tant pour ladite confirmation d'hérédité des Offices de
Syndic & d'Auditeur, que pour
ledit Office de Tréforier la fomme de vingt-un mille liv. de principal, fur les quittances du Receveur de nos deniers cafuels, & en
attendant l'expédition fur les récépiffés de Mᶜ Jean Garnier, que
nous avons chargés de ce recouvrement, ou de fes Procureurs ou Commis, portant pro-
meffe de les fournir, & deux

mille cent livres pour les deux sols pour livres, sur les quittances dudit Garnier, lesdites deux sommes faisant ensemble celle de vingt-trois mille cent livres, payables dans les termes portés par ledit Arrêt du Conseil du 20 Mars 1703, à l'effet de quoi, permettons aux Jurés de ladite Communauté, de présent en Charge, d'emprunter conformément audit Arrêt, ou d'imposer sur tous les Maîtres de ladite Communauté par forme de prêt le plus équitablement que faire se pourra, ladite somme de vingt-trois mille cent livres, & celle de mille livres, pour fournir à la dépense desdits emprunts, suivant l'Etat de répartition qui en sera arrêté par le sieur d'Argenson, Maître des Requêtes, Lieutenant Général de Police de notre bonne Ville de Paris, lequel Etat nous entendons être exécuté selon leur forme & teneur , & les dénommés en icelui, contraints au payement des fommes pour lefquelles ils y feront employés par les voies & ainfi qu'il eft accoutumé pour nos deniers & affaires, Voulons que ceux qui prêteront ayent Privilége fpécial fur lefdits gages & droits attribués audit Office de Tréforier, comme auffi fur les deniers qui feront levés par augmentation, en conféquence des préfentes, & généralement fur tous les biens, effets & revenus de ladite Communauté, & que les arrérages leur en foient payés d'année en année à raifon du denier vingt, & pour donner moyen à ladite Communauté non feulement de payer annuellement lefdits arrérages, mais encore d'acquitter de tems à autre quelque chofe fur le principal, enforte qu'elle foit libérée le plus promptement qu'il sera possible : comme aussi pour maintenir la discipline qui doit être entr'eux, & empêcher les entreprises qui se font sur leur profession : Nous avons par ses mêmes présentes, dit, statué & ordonné ; disons, statuons & ordonnons, voulons & nous plaît ce qui ensuit.

ARTICLE PREMIER.

Les Maîtres & veuves de Maîtres de ladite Communauté des Selliers Lormiers-Carrossiers de notre bonne Ville de Paris, payeront à l'avenir pour les droits de chacune des quatre Visites qui se font tous les ans, trente cinq sols, au lieu de vingt sols qui se payoient ci-devant ; sçavoir trente sols qui seront employés au payement des arrérages des rentes, dettes & charges de ladite Communauté, & cinq sols qui appartiendront,

tiendront , ainsi qu'auparavant aux Jurés d'icelle, conformément à l'article quarante - deux de leurs Statuts, du payement desquels cinq sols seulement accordés ausdits Jurés, nous dispensons les anciens Maîtres qui ont exercé la Jurande & leurs Veuves aussi, conformément audit article quarante-deux, & à notre Déclaration du 15 Mars 1692.

II.

Il sera payé à l'avenir à ladite Communauté par les apprentifs ou les Maîtres qui les obligeront, la somme de trente-six livres, outres les vingt sols attribués à l'Hôpital Général de notredite Ville de Paris, au lieu de celle de vingt livres qui se payoit ci-devant ; desquelles trente six liv. il en sera employé trente au payement des arrérages des rentes & autres

G

charges de ladite Communauté, & six livres pour l'entretient de la Confrairie, ainsi qu'il est d'usage.

III.

Permettons aux Jurés de ladite Communauté de recevoir douze Maîtres sans qualité pour le prix dont ils conviendront entr'eux & les Aspirans, conjointement avec les anciens, conformément à notredite Déclaration du mois de Mars 1692, pour être les deniers qui proviendront desdites Réceptions, employés au payement des rentes & autres dettes de ladite Communauté, créées pour notre Service & non d'autres, sur lesquels Réceptions feront pris les droits des Jurés, des Anciens, du Clerc de la Confrairie, & du Châtelet, ainsi qu'il est porté par lesdits Statuts.

IV.

Pour éviter les frais qu'il en

coûteroit à ladite Communauté ; si les Contrats qu'il conviendroit expédier à chacun des Maîtres & Veuves qui prêteront leurs deniers étoient paſſés pardevant les Notaires au Châtelet de notredite Ville de Paris, Ordonnons qu'il ſera délivré par les Jurés en charge de ladite Communauté un récépiſſé des ſommes que chacun deſdits Maîtres & Veuves prêteront, ſi mieux n'aiment leſdits Maîtres & Veuves en paſſer des Contrats à leurs frais, pardevant tels Notaires qu'ils aviſeront, & lès intérêts des ſommes prêtées par leſdits Maîtres & Veuves leur ſeront payés annuellement par les Jurés de ladite Communauté, à raiſon du denier vingt, juſqu'au parfait rembourſement du principal, à commencer du jour que chaque Maître ou Veuve aura entierement payé ſa çotte-part.

G ij

V.

Défendons à tous particuliers d'entreprendre fur le Métier & Profeſſion deſdits Maitres Selliers - Lormiers Carroſſiers , & nottamment à tous Loueurs de Carroſſes d'acheter deſdits Maîtres ou autres, des Carroſſes & Chaiſes pour les revendre au Public , à peine de trois cens livres, dont cent livres d'amende envers le Roi, cent livres envers l'Hôpital Général, & cent livres au profit de ladirte Communauté, & de confiſcation deſdits Carroſſes & Chaiſes , conformément aux Sentences fur ce intervenues, & de plus grandes peines en cas de récidive, s'il eſt ainſi ordonné par le Lieutenant Général de Police.

V I.

Les Jurés qui ont prêté & préteront chacun la fomme de cinq cens livres lors de leur élection à la Jurande, pour fubvenir aux befoins de ladite Communauté, ne pourront en être rembourfés qu'après les dettes qui ont été & feront contractées, en exécution de nos Édits des mois de Mars 1691, Mars 1694, Juillet 1702, Janvier & Août 1704, auront été entiérement acquittées fans intérêts, jufqu'à ce & après le rembourfement entier defdites dettes, & les droits de Vifite & de réceptions des Maîtres & apprentifs, ne feront payés que comme ils fe payoient auparavant notre Edit du mois de Mars 1691.

VII.

Et d'autant qu'il eft du bien public que la Police de notre bonne Ville de Paris & des Fauxbourgs foit uniforme & obfer-

vée également, Permettons aux
Jurés de ladite Communauté de
faire leurs Visites dans les maisons
des Selliers du Fauxbourg S. An-
toine, de l'enclos du Temple, de
S. Denis de la Chartre, de S. Jean
de Latran, de S. Germain des
Prez, de la rue de Lourcine, rues
adjacentes, Colléges, & autres
lieux Privilégiés ou prétendus
tels, de notredite Ville & Fauxbourgs de Paris, comme aussi de
ceux qui exercent ladite profession à titre de Privilége du Pré-
vot de notre Hôtel ou autrement, & en cas que lesdits Jurés
y trouvent des ouvrages défectueux, ils se pourvoiront pardevant le Lieutenant Général de
Police, en quelques lieux que
lesdites saisies ayent été faites,
sans qu'ils puissent être traduits
pour raison desdites Visites en
autres Cours ou Jurisdictions.
Ne pourront néanmoins lesdits

Jurés , prétendre aucuns droits de Visites , desdits Selliers , à titre de Privilége , ni de ceux qui exercent ladite Profession , dans les lieux Privilégiés , à moins qu'ils ne soient aussi Maîtres de ladite Communauté.

ARTICLE VIII. ET DERNIER.

Voulons au surplus que les Statuts , concernant ladite Communauté des Maîtres Selliers-Lormiers-Carrossiers de notredite Ville & Fauxbourgs de Paris , confirmés par nos Lettres Patentes du mois de Septembre 1678 , regiftrées en notre Parlement de Paris , le 20 Janvier 1679 , ensemble les Déclarations , Arrêts & Réglemens , & nottamment l'Arrêt du 26 Janvier 1699 , contre le Fermier des Coches , Carrosses & autres Voitures publi-

ques suivant la Cour, & les Sentences de Police des 19 Octobre
1699, & 2 Janvier 1705, contre
les Loueurs de Carrosses rendus
en conséquence en faveur de
ladite Communauté, soient exécutés selon leur forme & teneur.
SI DONNONS EN MANDIMENT à
nos amés & féaux Conseillers,
les gens tenans notre Cour de
Parlement à Paris, que ces Présentes ils ayent à faire lire, pu-
blier & registrer ; & du contenu
en icelles, faire jouir & user lesdits Maîtres Selliers-Lormiers-
Carrossiers de notredite Ville &
Fauxbourgs de Paris, selon leur
forme & teneur. CAR TEL EST
NOTRE PLAISIR : en témoin de
quoi Nous avons fait mettre notre scel à cesdites Présentes.
DONNÉ à Versailles le vingt-
uniéme jour de Novembre, l'an
de grace mil sept cent cinq ; &

de notre Régne le foixante-troi-
fiéme.

Signé, LOUIS.

Et plus bas, par le Roi, Phelipeaux.

Et fcellée du grand fceau de
cire jaune.

Regiftrées, ouï le Procureur Général du Roi, pour jouir par ladite
Communauté de l'effet & contenu
en icelles, & être exécutées felon
leur forme & teneur, fuivant &
aux charges portées par l'Arrêt de
ce jour. A Paris en Parlement le
vingt-deux Juin mil fept cent fix.

Signé, DU TILLET.

EXTRAIT

Des Regiſtres de Parlement.

VUes par la Cour les Lettres Patentes du Roi, données à Verſailles le vingt-un Novembre 1705. Signées LOUIS. *Et plus bas*, par le Roi, PHELIPEAUX: & ſcellées du grand ſceau de cire jaune, obtenues par les Jurés, Corps & Communauté des Maîtres Selliers-Lormiers Carroſſiers de cette Ville de Paris, par leſquelles pour les cauſes y contenues, ledit Seigneur a confirmé dans l'hérédité de leurs Offices des Syndics, Jurés & d'Auditeurs de leurs Comptes, avec union à ladite Communauté de l'Office de Tréſorier - Payeur & Receveur de leurs deniers communs, créé par l'Edit du mois de Juillet 1702, pour jouir par eux des Droits, Priviléges & Exemptions y attribués, & en outre de quatre cent quarante livres de gages par chacun an, à commencer du premier Janvier 1703, à la charge de payer par eux tant pour ladite confirmation d'hérédité, que pour ledit Office de Tréforier la fomme de vingt-un mille livres de principal, fur les quittances du Receveur des deniers cafuels, & en attendant l'expédition, fur les récépiffés de Jean Garnier, chargé du recouvrement, & deux mille cent liv. pour les deux fols pour livre, fur les quittances dudit Garnier, lefdites deux fommes faifant enfemble celle de vingt-trois mille cent livres; à l'effet de quoi ledit Seigneur permet aux Jurés de ladite Communauté, de préfent en charge, d'emprunter conrmément à l'Arrét du Conſeil du 20 Mars 1703, où d'impoſer ſur tous les Maîtres par forme de prêt le plus équitablement que faire ſe pourra, ladite ſomme de vingt-trois mille cent livres, & celle de mille livres pour fournir à la dépenſe deſdits emprunts, ſuivant l'état de répartition qui en ſera arrêté par le ſieur d'Argenſon, Lieutenant Général de Police ; & en outre ledit Seigneur pour maintenir la diſcipline qui doit être entr'eux, & empêcher les entrepriſes qui ſe font ſur leur profeſſion, & confirmer huit articles de Statuts, & les Réglemens en faveur de ladite Communauté pour être exécutés ſelon leur forme & teneur, & ſelon que plus au long le contiennent leſdites Lettres à la Cour adreſſantes. Requête préſentée par leſdits impétrans, afin d'enregiſtrement d'icelles : Concluſions du Procureur Général du Roi : ouï le Rapport de M. François Robert, Conseiller, & tout considéré : LA COUR avant procéder à l'enregistrement desdites Lettres, ordonne qu'elles seront communiquées au Lieutenant Général de Police, & au Substitut du Procureur Général du Roi au Châtelet, pour donner leurs avis fur lesdites Lettres, pour ce fait rapporté & communiqué au Procureur Général du Roi, être ordonné ce que de raison : FAIT en Parlement le seiziéme jour de Janvier mil sept cent six. Collationné. *Signé*, DU TILLET.

VUES par nous Marc - René de Voyer de Paulmy, Chevalier, Marquis d'Argenson, Conseiller du Roi en ses Conseils, Maitre des Requétes ordinaire de son Hôtel, & Lieutenant Général de Police de la Ville, Pré-

vôté & Vicomté de Paris ; &
Claude Robert, Conseiller du
Roi en ses Conseils, & Procureur de Sa Majesté au Châtelet de
Paris, les Lettres Patentes du
Roi, données à Versailles le 21
Nov. 1705. Signées LOUIS.
Et plus bas, par le Roi, PHELI-
PEAUX, & scellées du grand sceau
de cire jaune, obtenues & impé-
trées par les Jurés, Corps &
Communauté des Maîtres Selliers-Lormiers-Carrossiers de cette Ville de Paris, par lesquelles
Lettres, pour les causes y contenues, conformément à l'Edit du
mois d'Août 1701, & aux Arrêts
du Conseil des 11 Juillet 1702,
& 20 Mars 1703. Sa Majesté a
maintenu & confirmé ladite
Communauté des Maîtres Selliers Lormiers Carrossiers dans
l'hérédité de leurs Offices de Syndic, Jurés & d'Auditeurs de
leurs comptes, dont Sa Majesté

leur auroit ci-devant accordé la réunion, ensemble a uni & incorporé à ladite Communauté l'Office de Tréforier Receveur & Payeur de leurs deniers communs, créé par l'Edit du mois de Juillet 1702, pour jouir par eux des droits, priviléges & exemptions y attribués, & en outre de quatre cent quarante livres de gages actuels & effectifs par chacun an, à commencer du premier Janvier 1703, fans que pour raifon dudit Office ils foient obligés de prendre aucunes Lettres de Provifions, ni qu'ils foient ci-après tenus d'aucune confirmation d'hérédité ni autres, dont Sa Majefté les déclare exempts, à la charge de payer par eux tant pour ladite confirmation d'hérédité des Offices de Syndic & d'Auditeur que pour ledit Office de Tréforier, la fomme de vingt-un mille liv. de principal, fur les

quittances du Receveur des deniers casuels ; & en attendant
l'expédition sur les récépissés de
M Jean Garnier, chargé de ce
recouvrement, ou ses Procureurs
& Commis, portant promesse
de les fournir, & deux mille cent
livres pour les deux sols pour livre, sur les quittances dudit Garnier, lesdites deux sommes faisant
ensemble celle de vingt trois mille cent liv. payable dans les termes portés par ledit Arrêt du
Conseil du 20 Mars 1703, à l'effet de quoi, permis aux Jurés de
ladite Communauté, de présens
en Charge, d'emprunter conformément audit Arrêt, ou d'imposer sur tous les Maitres de ladite
Communauté par forme de prêt,
le plus équitablement que faire
se pourra ladite somme de vingt-
trois mille cent livres, & celle de
1000 l. pour fournir à la dépense
desdits emprunts, suivant l'Etat

de

de répartition qui en sera arrêté ; lequel Etat S. M. entend être exécuté selon sa forme & teneur, & les dénommés en icelui contraints au payement des sommes pour lesquelles ils y seront employés, par les voies & ainsi qu'il est accoutumé, pour ses deniers & affaires : Voulant Sa Majesté que ceux qui prêteront ayent Privilége & hypotheque spécial sur lesdits gages & droits attribués audit Office de Tréforier, comme aussi sur les deniers qui seront levés par augmentation en conséquence desdites Lettres, & généralement sur tous les biens, effets & revenus de ladite Communauté, & que les arrérages leur en soient payés d'année en année, à raison du denier vingt ; & pour donner moyen à ladite Communauté non seulement de payer annuellement lesdits arrérages, mais encore d'acquitter de

H

tems à autre quelque chofe fur le principal, enforte qu'elle foit libérée le plus promptement qu'il fera poffible : comme auffi pour maintenir la difcipline qui doit être entr'eux, & empêcher les entreprifes qui fe font fur leur profeffion, Sa Majefté veut que les Statuts contenus en huit articles énoncés aufdites Lettres Patentes, & au furplus les Statuts concernant ladite Communauté, confirmés par les Lettres Patentes du mois de Septembre 1678, regiftrées au Parlement le 20 Janvier 1679, enfemble les Déclarations, Arrêts & Réglemens, & notamment l'Arrêt du 26 Janvier 1699, contre le Fermier des Coches, Carroffes, & autres Voitures publiques, fuivant la Cour, & les Sentences de Police des 19 Octobre audit an 1699, & 2 Janvier 1705 contre les Loueurs de Carroffes rendus en conféquence en faveur de lad. Communauté; soient exécutés selon leur forme & teneur; l'Arrêt de la Cour de Parlement du 16 Janvier dernier, par lequel Arrêt, la Cour avant procéder à l'enregistrement desdites Lettres, a ordonné qu'elles nous seroient communiquées pour donner notre avis sur icelles, pour ce fait rapporté & communiqué à M. le Procureur Général, être ordonné ce que de raison. Nous sommes d'avis, sous le bon plaisir de la Cour, que lesdites Lettres Patentes ne renferment aucunes dispositions qui soient contraires au bien public, & aux Regles de la Police générale, ni qui fasse préjudice aux droits de quelqu'autres Communautés, & qu'ainsi l'enregistrement en peut être accordé sans inconvénient, à condition néanmoins que conformément aux articles 24, 43 & 47, des Statuts defdits Maîtres Selliers, vérifiés en la Cour le 20 Janvier 1679, & à l'ancien ufage, les rapports des faifies qui auront été faites par les Jurés, & les autres conteftations ou contraventions qui concerneront ledit Métier, feront portées en la Chambre de M. le Procureur du Roi, pour y donner fon avis en la maniere accoutumée, lefquels avis feront enfuite portés en la Chambre de Police, pour en être ordonné la confirmation ou la réformation, ainfi qu'il appartiendra, le tout nonobftant que les art. 5 & 7 defd. nouvelles Lettres Patentes, n'en faffent aucune mention. Fait à Paris, ce vingt-deuxiéme jour de Mai 1706. Signé M. R. DE VOYER D'ARGENSON, & ROBERT. En la minute GAUDION.

Extrait des Regiſtres de Parlement.

VUES par la Cour les Lettres Patentes du Roi, données à Verſailles le vingt-un Novembre mil ſept cent cinq, *ſignées* LOUIS, *& plus bas*, par le Roi, PHELIPEAUX, & ſcellées du grand Sceau de cire jaune, obtenues par les Jurés, Corps & Communauté des Maître Selliers - Lormiers-Carroſſiers de cette Ville de Paris, par leſquelles pour les cauſes y contenues, ledit Seigneur Roi a maintenu & confirmé ladite Communauté dans l'hérédité de leurs Offices de Syndic-Juré & d'Auditeur des Comptes d'icelle, a uni & incorporé à ladite Communauté l'Office de Tréſorier - Receveur & Payeur des deniers communs d'icelle, à la charge de payer la ſomme de

vingt un mille liv. de principal,
& celle de deux mille cent livres
pour les deux fols pour livre d'i-
celle, à l'effet de quoi ledit Seigneur permet aux Jurés de ladite
Communauté d'emprunter ou
d'impofer fur icelle lefdites deux
fommes, & celle de mille livres,
pour fournir à la dépenfe defdits
emprunts. Veut que ceux qui
prêteront ayent Privilége fpécial
fur les gages & droits attribués
audit Office de Tréforier, comme
auffi fur les deniers qui feront
levés par augmentation, en conféquence defdites Lettres, & généralement fur tous les biens,
effets & revenus de ladite Com-
mutauté, & que les arrérages
en foient payés d'année en année
à raifon du denier vingt; & pour
donner moyen à ladite Communauté non-feulement de payer
annuellement lefdits arrérages,
mais encore d'acquitter de tems
à autre quelque chofe fur le prin-

cipal, enforte qu'elle foit libérée le plus promptement qu'il
fera poffible, comme auffi pour
maintenir la difcipline qui doit
être obfervée, & empêcher les
entreprifes qui fe font fur ladite
profeffion, ledit Seigneur veut
que les Statuts contenus en huit
articles énoncés efdites Lettres
foient exécutés & ainfi que plus
au long le contiennent lefd. Lettres à la Cour adreffantes. L'Arrêt
du 16 Janvier 1706, par lequel
la Cour avant procéder à l'enregiftrement defd. a ordonné qu'elles
feroient communiquées au Lieutenant Général de Police, & au
Suftituts du Procureur Général
du Roi au Châtelet, pour donner leur avis fur icelles , pour
ce fait rapporté & communiqué au Procureur Général du
Roi audit Châtelet être ordonné ce que de raifon : l'avis
dudit Lieutenant Général de
Police, & dudit Subftitut du

Procureur Général du Roi au Châtelet du 22ᵉ jour du mois de Mai 1706. Requête préſentée par les Impétrans afin d'enregiſtrement deſd. Lettres. Conclufion du Procureur Général du Roi. Ouï le rapport de Mᵉ François Robert Conſeiller; tout confidéré: **LA COUR** ordonne que leſdites Lettres feront enregiſtrées au Greffe d'icelle, pour jouir par ladite Communauté de l'effet & contenu en iœlles, & être exécutées felon leur forme & teneur, à la charge que les actes fous fignature privée, qui feront faits pour raifon des fommes empruntées par les Jurés des Maîtres de ladite Communauté feront reconnus pardevant Notaires, au profit de ceux qui prêteront leurs deniers à ladite Communauté, faute de quoi leſdits Actes ne pourront produire aucune hypotheque ni privilége. Que les Jurés de ladite Communauté rendront

compte

compte tous les ans de l'emploi defdits deniers pardevant le Lieutenant Général de Police & le Subftitut du Procureur Général du Roi au Châtelet de cette Ville de Paris, & que conformément aux articles 24, 43, & 47 des Statuts de ladite Communauté, confirmés par Lettres Patentes du mois de Septembre 1678, regiftrées en ladite Cour le 20 Janvier enfuivant, les rapports des vifites qui feront faites par les Jurés, & les conteftations qui pourront furvenir en exécution defd. Statuts, feront portées pardevant ledit Subftitut du Procureur Général du Roi, pour y donner fon avis en la maniere accoutumée, & être enfuite procédé pardevant le Lieutenant Général de Police, ainfi qu'il appartiendra. FAIT en Parlement le vingt-deux Juin mil fept cent fix. Collationé. *Signé*, DU TILLET.

I

Extrait des Regiſtres du Conſeil d'Etat.

SUR ce qui a été repréſenté au Roi en ſon Conſeil par la Communauté des Maîtres Selliers - Carroſſiers de la Ville de Paris, qu'ayant eu connoiſſance de l'Edit du mois d'Août 1701, donné en faveur des propriétaires d'Office héréditaire, pour les confirmer en l'hérédité d'iceux, & de l'Edit du mois de Juillet 1702, portant création d'un Tréſorier - Receveur & Payeur des deniers communs des Corps des Marchands & Communautés des Arts & Métiers du Royaume, ils ont crû qu'il leur ſeroit plus convenable & plus avantageux de ſupplier, comme ils font très-humblement, Sa Majeſté, de leur permettre de lever & d'acquérir au profit de leur

Communauté l'Office de Tréso-
rier-Receveur & Payeur de leurs
deniers communs, offrant à cet
effet de payer à Sa Majesté, ou à
Me Jean Garnier, chargé du recouvrement de la Finance qui
doit provenir de la confirmation
de l'hérédité & de la vente defdits Offices de Tréforier, la fomme de vingt-un mille livres, &
les deux fols pour livre; fçavoir
trois mille quatre cent livres, &
les deux fols pour livre, pour
être confirmé dans l'hérédité des
Offices de Jurés-Syndic de leur
Communauté, créés par Edit du
mois de Mai 1691, & d'Auditeur de leurs comptes, créés par
Edit du mois de Mars 1694, &
la fomme de dix fept mille fix cent
livres, & les deux fols pour livre,
pour ledit Office de Tréforier-
Receveur & Payeur de leurs deniers communs, à condition qu'il
fera & demeurera pour toujours

uni & incorporé à leur Communauté aux droits, priviléges &
exemptions y attribués; & de
jouir de quatre cent quarante
livres de gages, actuels & effectifs par chacun an. Et Sa Majesté
voulant traiter favorablement
ladite Communauté, Ouï le rapport du sieur Fleuriau d'Arme-
nonville, Conseiller ordinaire au
Conseil Royal, Directeur des
Finances. LE ROI EN SON
CONSEIL, a accepté & accepte
les offres des Maîtres Selliers Carrossiers de la Ville de Paris; & en
conséquence, ordonne qu'en
payant par eux ès mains dudit
Garnier, ses Procureurs ou Commis, la somme de vingt-un mille
livres sur les quittances du Trésorier des revenus casuels, ou sur
ses récépissés, portant promesse
de fournir lesdites quittances,
& les deux sols pour livre sur
celle dudit Garnier en dix paye-

mens égaux, le premier comp-
tant, & les neuf autres de deux
en deux mois, le premier des
neuf payemens échû au premier
Mai prochain, de la somme de
deux mille cent livres chacun, &
les deux sols, ils seront maintenus & confirmés en l'hérédité de
leurs Offices de Jurés Syndic &
d'Auditeurs de leurs comptes.
Ordonne Sa Majesté que ledit
Office de Trésorier Receveur &
Payeur de leurs deniers communs; sera & demeurera pour
toujours uni & incorporé à leur
Communauté, & qu'ils jouiront
des droits, priviléges & exemptions y attribués, & en outre de
quatre cent quarante livres de
gages actuels & effectifs par chacun an, à commencer du premier Janvier dernier, auquel
effet l'emploi en sera fait dans les
Etats de la recette générale des
Finances de la Généralité de

Paris, à commencer en la préfente année. Permet Sa Majefté à ladite Communauté d'emprunter lefdites fommes en tout ou partie. Ordonne que ceux qui prêteront leurs deniers à cet effet, auront privilége & hypotheque fpécial fur ledit Office, droits & gages y attribués, fans qu'il foit befoin de faire mention du prêt dans la quittance de Finance, fi bon en femble aux Prêteurs. Ordonne Sa Majefté que les Jurés feront toutes les diligences néceffaires pour parvenir au payement de ladite fomme de vingt un mille livres, & des deux fols pour livre, à peine d'en répondre en leurs propres & privés noms, & en cas de conteftations entre les Maîtres qui compofent ladite Communauté, Privilégiés ou non Privilégiés, pour la répartition des fommes qu'ils doivent en payer chacun pour leur

part, circonſtances & dépendan-
ces, elles ſeront réglées par le
ſieur d'Argenſon, Conſeiller du
Roi en ſes Conſeils, Maître des
Requêtes ordinaire de ſon Hôtel,
& Lieutenant Général de Police,
que Sa Majeſté a commis à cet
effet, & auquel Sa Majeſté en-
joint de tenir la main à l'exécution du préſent Arrêt qui ſera
exécuté; enſemble tout ce qui
ſera par lui ordonné en conſéquence, nonobſtant oppoſitions
appellations ou autres empêchemens quelconques, dont ſi aucuns interviennent, Sa Majeſté
s'en réſerve la connoiſſance, &
icelle interdit à toutes ſes Cours
& Juges. Fait au Conſeil d'Etat
du Roi, tenu à Verſailles le
vingtiéme jour de Mars mil ſept
cent trois. Collationné. Signé,
Goujon.

Et au-deſſous eſt écrit, délivré

le quatorze Décembre mil sept
cent dix-sept.

Collationné à l'Original en Parchemin; ce fait rendu par les Notaires à Paris soussignés, ce trente un Décembre mil sept cent dix-sept, signés GERVAIS & MASSON.

LETTRES
PATENTES
ENREGISTRÉES

EN PARLEMENT,

Rendues en faveur des Maîtres Selliers-Lormiers-Carrossiers de la Ville Fauxbourgs & Banlieue de Paris.

Portant Réglement entre les Maîtres & les Garçons & Compagnons Selliers.

LOUIS, PAR LA GRACE DE DIEU, ROI DE FRANCE ET DE NAVARRE; A nos amés & féaux Conseillers les Gens tenans notre Cour de Parlement à Paris,

Salut. La Communauté des Maîtres Selliers de Paris, Nous ayant très-humblement fait supplier qu'il Nous plût casser & annuller les Arrêts rendus en notre Parlement de Paris les 14 Mai & 4 Décembre 1766 ; en conséquence que nos Lettres Patentes de Septembre 1678 & 26 Septembre 1764, seroient exécutées, si mieux Nous n'aimons évoquer à nous & à notre Conseil les assignations données à la requête des Compagnons Seilliers aux nommés la Cour, Lépine, Roussin & Varin, Maîtres Selliers, le 5 Décembre 1756, à comparoir à notre Parlement ; l'Arrêt de notre Conseil du 17 Février 1767, par lequel ayant aucunement égard à la requête de la Communauté des Maîtres Selliers, Nous aurions évoqué à Nous & à notre Conseil les assignations données à la requête de

Joseph Jarousseau, Jean-François Madelin, Poulin & Noblet David, Garçon Selliers ; auxdits la Cour, Lepine, Roussin, le 5 Décembre 1766, & tout ce qui auroit pû s'ensuivre ; Nous aurions ordonné que sur les contestations & sur la demande en cassation, les Parties procéderoient en notre Conseil pour leur être fait droit ainsi qu'il appartiendroit ; Nous aurions pareillement ordonné qu'en attendant le Jugement desdites contestations, nos Lettres Patentes de Septembre 1678 & 26 Septembre 1764, seroient exécutées selon leur forme & teneur, avec défenses aux Garçons Selliers d'y contrevenir, sous les peines qu'il appartiendroit ; Nous aurions ordonné que notredit Arrêt seroit inscrit sur les regiftres de la Communauté des Selliers par un Huissier de notre Conseil sur ce requis, & lue dans une assemblée générale des Maitres qui seroit convoquée à cet effet par les Jurés en exercice, la signification de notredit Arrêt, les Mémoires des Garçons Selliers, l'Arrêt de notre Conseil du 24 Juillet 1764, servant de Réglement aux Garçons Selliers, nos Lettres Patentes expédiées sur icelui le 26 Septembre suivant, les Arrêts de notre Parlement des 14 Mai & 4 Décembre 1766, les exploits d'assignations du cinq dudit mois, sur lesquelles représentations & demandes Nous avons fait connoître nos intentions par Arrêt du 11 Août 1767, rendu en notre Conseil d'Etat, & ordonné que pour son exécution, toutes Lettres nécessaires seroient expédiées. A CES CAUSES, de l'avis de notre Conseil, qui a vû ledit Arrêt, dont l'expédition en parchemin est ci-attachée sous le contre-ſcel de notre Chancellerie, conformément à icelui, & ſans Nous arrêter à la demande formée par la Communauté des Maîtres Selliers, en caſſation des Arrêts de notre Parlement des 14 Mai & 4 Décembre 1766, dont Nous l'avons déboutée, & par ces Préſentes ſignées de notre main, déboutons, expliquant en tant que beſoin l'Arrêt de notre Conſeil du 24 Juillet 1764, enſemble nos Lettres Patentes expédiées ſur icelui le 26 Septembre ſuivant, & voulant faire définitivement un Réglement entre ladite Communauté & les Garçons & Compagnons Selliers, Nous avons ordonué & ordonnons.

ARTICLE PREMIER.

Que dorénavant aucuns Garçons & Compagnons Selliers ne pourront être placés chez les Maîtres Selliers-Lormiers-Carroſſier de la Ville & Fauxbourgs de

Paris , que par le Clerc ou Concierge du Bureau de ladite Communauté , fans pouvoir par lui exiger à ce fujet aucune rétribution, & fans que cette difpofition empêche néanmoins les Garçons ou Compagnons qui trouveront à fe placer d'eux-mêmes chez les Maîtres, de le faire fans l'affiftance du Clerc. En conféquence, faifons défenfes à tous Particuliers, autres que le Clerc de la Communauté, de s'ingérer à placer lefdits Compagnons, & aux Maîtres de les recevoir par toutes autres voies que celles énoncées au préfent article, & aux conditions ci-après.

II.

Que les Jurés de ladite Communauté remettront au Clerc ou Concierge , un regiftre qui fera cotté & paraphé par le fieur Lieutenant Général de Police, fur lequel feront infcrit par ce Clerc

ou Concierge par lettres alpha-
bétiques, les noms, surnoms,
âge, pays, Villes ou Villages,
Diocèfes & Généralités de chaque Garçon & Compagnon arrivant à Paris, ou qui y font actuellement leur réfidence, le nom de
leur dernier Maître, & le tems
qu'ils y ont demeuré.

III.

Que lefdits Garçons & Compagnons arrivant à Paris pour s'y
placer chez les Maîtres, feront
tenus de fe faire infcrire dans la
quinzaine au plus tard de leur arrivée au Bureau de la Communauté, en la maniere ci-deffus ex-
pliquée & fans frais; finon & faute de ce faire & ledit tems paffé,
leur faifons défenfes de travailler
pour aucun Maître fans s'être fait
infcrire; auquel cas fur la requi-
fition des Jurés, ils pourront être
emprifonnés & condamnés par le
fieur Lieutenant Général de Po-

lice, à vider la Ville, fuivant l'é-
xigence des cas.

I V.

Seront tenus les Garçons &
Compagnons Selliers, fous les
mêmes peines, de faire renouvel-
ler dans les mêmes délais de
quinze jours ledit enregiftrement
chaque fois qu'ils fortiront de
chez un Maître pour entrer chez
un autre, & de déclarer le nom
des Maîtres qu'ils auront quitté,
& de ceux chez lefquels ils fe
propoferont d'entrer.

V.

Le Clerc ou Concierge de la
Communauté remettra auxdits
Garçons & Compagnons un certificat d'enregiftrement figné
de lui & cacheté du cachet de
ladite Communauté, lequel con-
tiendra le nom du Maître qu'il aura quitté & le nom de celui chez
lequel il fera placé ou entend fe
placer, auquel Maître il fera tenu

d'exhiber

d'exhiber le certificat, pour être par ce dernier enregiſtré ſur un regiſtre qu'il tiendra à cet effet, & enſuite être rendu au Compagnon pour le repréſenter aux Jurés lorſqu'il en ſera requis.

V I.

Que leſdits Garçons & Compagnons ne pourront ſortir de chez un Maître, qu'après l'avoir averti de leur ſortie huit jours auparavant pour les Garçons qui travaillent à la journée, & quinze jours pour ceux qui travaillent au mois, après lequel tems le Maître ne pourra refuſer au Compagnon, ſous tel prétexte que ce puiſſe être, un certificat de congé, par lequel il ſera rendu compte par le Maître de la maniere dont ce Compagnon ſe ſera comporté à ſon ſervice, tant relativement à ſa conduite qu'à ſon travail; & dans le cas où le Maître refuſeroit de délivrer ledit certificat, pourra ledit Compagnon se retirer devant les Jurés qui examineront les causes du refus, & pourront lui donner un certificat qui tiendra lieu de celui refusé par le Maître; & dans le cas où il arriveroit que les Jurés lui refusassent aussi le certificat, il pourra se pourvoir devant le sieur Lieutenant Général de Police, pour en être ordonné ainsi qu'il appartiendra.

VII.

Faisons défenses à tous Maîtres Selliers - Lormiers - Carrossiers, exerçant le Métier, de recevoir un Garçon ou Compagnon, que celui-ci ne lui ait exhibé le certificat d'enregistrement ci devant prescrit, ainsi que le certificat de congé du dernier Maître que le Compagnon aura quitté, & ce, sous peine de 50 liv. d'amende, pour être lesdits deux certificats enregistrés sur le livre que chaque Maître tiendra à cet effet, & ensuite, rendus au Compagnon; & seront tenus lesdits Maîtres & Compagnons de repréſenter aux Jurés lors de leurs viſites, ou toutes les fois qu'il en feront requis; ſçavoir, le Maître ſon regiſtre, & le Compagnon les certificats.

VIII.

Déclarons que tous ouvrages de la profeſſion de Selliers-Carroſſiers, auxquels quelques Garçons ou Compagnons non inſcris ſur le regiſtre, ou Ouvriers ſans qualité ſeroient trouvés travaillant, feront ſaiſis, acquis & confiſqué au profit de la Communauté.

IX.

Que l'article vingt-cinq des Statuts & Lettres Patentes des Maîtres Selliers-Lormiers-Carroſſiers, enregiſtrées le 20 Janvier 1679 ſera exécuté; en conſéquence ne pourront lefdits

Maîtres Selliers, sous peine de
cent livres d'amende, applicable
comme dessus, travailler ou faire
travailler ailleurs que dans leurs
boutiques ou dans la maison de
leur domicile inscrit sur le cata-
logue du Bureau, excepté néanmoins le cas prévû par l'article
quarante-quatre desdits Statuts,
qui sera pareillement exécuté en
tout son contenu.

X.

Et attendu que par l'article
trente-six desdits Statuts, il est
porté que les Garçons ou Compagnons Selliers qui sont au service & aux gages des Princes &
Grands Seigneurs ne pourront
travailler dans leurs Hôtels que
pour eux seulement & non pour
autres personnes que ce soit; Voulons qu'aucuns Compagnons Selliers ne puissent entrer au service
& aux gages desdits Princes &
Grands Seigneurs qu'ils n'ayent

été inscrits sur le regiſtre tenu par
le Clerc & Concierge de la
Communauté ; en conséquence
que dans la huitaine, à compter
du jour où ils seront entrés, ils
déclareront sur ledit regiſtre les
noms des Princes & Grands Seigneurs au service & aux gages
deſquels ils seront entrés ; & dans
le cas où leſdits Garçons & Compagnons sortiroient de chez les
Princes & Grands Seigneurs pour
continuer leur profeſſion, qu'ils
seront tenus de ſe faire inscrire
de nouveau sur ledit regiſtre pour
entrer chez les Maîtres de la
Communauté, ſinon & à faute de
ce faire, leur faiſons défenſes de
travailler pour aucun Maître ; auquel cas & ſur la requiſition des
Jurés, ils pourront être empri-
ſonnés & condamnés par le ſieur
Lieutenant Général de Police, à
vuider la Ville, ſuivant l'exi-
gence des cas.

XI.

Faisons défenses aux Garçons & Compagnons Selliers de cabaler entre eux & de s'assembler, à peine de prison, & d'être déclarés incapables de parvenir à la Maîtrise de Maître Sellier, même d'être contre eux procédé extraordinairement, si le cas y échet.

XII.

Autorisons le sieur Lieutenant Général de Police à commettre un Inspecteur de Police, pour veiller sous ses ordres à l'exécution des Présentes, aux frais & dépens de la Communauté des Maîtres Selliers, & avons dérogé & dérogeons à tous Reglemens contraires à cesdites Présentes.

Si vous mandons que ces Présentes vous ayez à faire regiftrer, & du contenu en icelles, enſemble dudit Arrêt, faire jouir leſdits Expoſans pleinement & paiſiblement, ceſſant & faiſant ceſſer tous troubles & empêchemens à ce contraires : CAR tel eſt notre plaiſir. DONNÉ à Fontainebleau, le quatorziéme jour d'Octobre, l'an de Grace 1767, & de notre régne le 53ᵉ. *Signé* LOUIS. *Et plus bas*, par le Roi PHELYPEAUX.

PAR ARRET

De la Cour de Parlement du 16 Juillet 1768.

Appert les Lettres Patentes ci-deſſus avoir été enregiſtrées pour être exécutées ſelon leur forme & teneur, & ordonné qu'elles ſeroient imprimées, publiées & affichées partout où beſoin ſera, & inſcrites ſur les regiſtres de la Communauté des Maîtres Selliers - Lormiers-Carroſſiers de la Ville de Paris.

*Cefdits Statuts ont été réimpri-
més par les foins de*

MESSIEURS,

Jean-Baptiste Tarin,
Louis-Joseph la Forest,
Claude-Jacques Blereau,
Gervais Germain.

*Tous Jurés, de préfent en char-
ge, de ladite Communauté.*

De l'Imprimerie de la Veuve
Ballard, rue des Noyers.